公民防范电信网络诈骗手册

本书编写组 编

中国人民公安大学出版社
· 北京 ·

图书在版编目（CIP）数据

公民防范电信网络诈骗手册 / 《公民防范电信网络诈骗手册》编写组编. -- 北京 : 中国人民公安大学出版社, 2018.1

ISBN 978-7-5653-3047-6

Ⅰ. ①公… Ⅱ. ①公… Ⅲ. ①电信－诈骗－预防－中国－手册②互联网络－诈骗－预防－中国－手册 Ⅳ. ①D924.33-62

中国版本图书馆 CIP 数据核字 (2017) 第 221471 号

公民防范电信网络诈骗手册

本书编写组　编

出版发行：中国人民公安大学出版社
地　　址：北京市西城区木樨地南里甲1号
邮政编码：100038
经　　销：新华书店
印　　刷：天津嘉恒印务有限公司

版　　次：2018年1月第1版
印　　次：2020年9月第3次
印　　张：1.25
开　　本：889毫米×1194毫米　1/32
字　　数：27千字

书　　号：ISBN 978-7-5653-3047-6
定　　价：15.00元

网　　址：www.cppsup.com.cn　www.porclub.com.cn
电子邮箱：zbs@cppsup.com　zbs@cppsu.edu.cn

营销中心电话：（010）83903254
读者俱乐部电话（门市）：（010）83903257
警官读者俱乐部电话（网购、邮购）：（010）83903253
公安图书分社电话：（010）83905672

目　录

一、电信网络诈骗的套路

大数据时代的犯罪更加精准，但是手法万变不离其宗，识别“宗”，才能以不变应万变，避免上当受骗。

在骗子得手前，从任一环节将骗术识别出来都是成功的。

■ 骗子粉墨登场

电脑
电话

盗取事主头像、冒用聊天视频等
改号器伪装号码、发短信自动语音诈骗、魔音等

扮演（投资顾问、贸易伙伴、公职人员、黑社会分子等）
冒充（亲人、朋友、领导、房东、熟人等）

■ 骗子行骗

虚构故事

主动心理攻势（恐吓、利诱等）
事主心理弱点（贪财、碍面子、畏上、急于求成、注重亲友情、惯性心理、同情心、贪色等）

■ 骗钱得手（或放长线钓大鱼）

直接骗取事主钱财（诱骗事主转账汇款、盗取密码及验证码）

骗取事主信息（为下一步诈骗做准备）

二、电信网络诈骗的预警信号

下面罗列了31种电信网络诈骗的预警信号。

在使用通信、网络平台时，一旦出现这些预警信号，就要特别警觉，万分小心。

■ 骗子粉墨登场的预警信号

骗子利用电脑、电话等大众通信载体，通过采取某种技术手段盗取事主头像、视频、账号，或更改伪装电话号码等，扮演社会角色或冒充事主的关系人，来骗取事主的信任。

当出现下文中1～6类型的信号时，表明骗子粉墨登场了。

公职人员来电话，谨慎识别莫害怕
索要钱财的亲友，核实身份最关键
服务号码来电显，辨别真假是首位
语音电话接听后，内容不明果断挂
陌生图片和链接，病毒木马藏里面
“好心人”帮好心事，警惕设套把财骗

1. 政府公职人员

骗子冒充公安、法院、检察院、税务、海关、教育部门、社保局等公职人员打来电话，向事主告知一些事项，有时态度还很强硬。此时不要马上相信对方的说辞。应当：

（1）不妨先挂断电话，亲自去这些部门现场询问。

（2）通过正规渠道（114 查号台、政府官方网站）获取这些部门的电话，一定要亲自拨打过去询问。要知道，政府机关的电话不会从一个普通电话被人工转接，遇到这种情况时，要意识到这是个骗局。

（3）不要被对方“强硬”的态度、“坚定”的语气所震慑，不要害怕，不要嫌麻烦，不要碍于面子，多一些耐心去核实。

2. 索要钱财的“亲人”“朋友”“同事”“熟人”“房东”“孩子的老师”等

骗子会利用时间差、视觉差、盗取账号等手段制造假象，冒充“亲人”“朋友”“同事”“熟人”“房东”“孩子的老师”等向事主索要钱财。

（1）时间差，利用亲友手机关机、银行休息等特殊的时间点，让你无法核实。

（2）视觉差，模仿亲朋好友的微信、QQ 头像，甚至从其他平台盗取亲友视频等，让你信以为真。

（3）盗取亲友社交平台账号，直接骗取钱财。

切记，只要遇到有人在 QQ、视频聊天、微信、短信中索要钱财，不论对方是你的什么人，一定要亲自拨打对方电话或当面询问，以核实真伪。

3. 服务电话

骗子会利用软件、设备等对电话号码进行伪装，让呈现在你眼前的这串数字变成他想要的任意号码。当来电是“110”“12345”“10086”“10010”“10000”等，或银行客服电话、“400”开头的企业客服电话时，不要一上来就轻易相信对方，特别是在对方让你告知或输入验证码、密码等情况下应格外警惕，这个电话很有可能是伪装过的诈骗电话。还有的骗子冒充银行工作人员，声称国家出台新政策，要求你进行实名补录，此时建议挂断电话后去银行柜台确认。

4. 语音电话

（1）接到自动播放的语音电话，直接挂断即可，不要收听其中的内容，更不能按照其中的提示去操作、拨号等。

（2）接电话后对方用你听不懂的方言不停地说话，或者出现歇斯底里的呵斥声，果断挂断电话，并且不要回拨。

5. 陌生链接、图片，以及需要下载、激活的软件

（1）当你不熟悉电信运营商、银行等机构的准确网址时，不能随意点开手机短信、APP 应用、网页中的疑似电信运营商、银行等的链接，因为有些是安装有木马和病毒的假地址。比如，一些骗子谎称银行系统升级要求你点击假链接进行升级。

（2）不要轻易点击那些自动弹出的需要激活或下载才能使用的软件。

（3）在微信、QQ、微博等互动平台不要随意点击陌生链接，不要为陌生消息点赞、投票等，一些平台装有木马、病毒，一旦点击，手机上的金融支付信息将会被盗取，造成无法挽回的损失。

（4）意外收到的短信链接，一定要先亲自核实内容的真伪，不要随意点击。

6．“好心人”

当你接到电话，遇到以下“好心人”主动帮助你时，要开始警觉了，他们都是骗子：

（1）帮助你解决涉案纠纷的“警察”；

（2）回购你藏品的老板；

（3）帮助你摆平法院官司的热心人；

（4）花钱帮你铲事儿的“黑社会”分子；

（5）告诉你彩票、股票赚钱方法的推销人员；

（6）告诉你投资挣钱方法的投资顾问；

（7）声称能够帮你通过考试的人；

（8）帮助你升级银行系统的工作人员；

（9）要跟你做一笔现成买卖的生意伙伴；

（10）要给你奖品的活动承办方；

（11）帮助你减免学费的“老师”；

（12）为你提供免抵押、低利息助学贷款的放贷人。

骗子首先让你看到获利或解决眼前棘手问题的希望，并且为你提供了一个看似很可靠的解决方案，以此吸引你，实际上那是他们精心设计的圈套。

■ 骗子行骗的预警信号

骗子通过虚构故事，然后利用主动的心理攻势（恐吓、利诱等）及事主的心理弱点（贪财、碍面子、畏上、畏权、急于求成、注重亲友情、同情心、贪色等），充分博得事主信任，进而骗取钱财。

大部分骗子都是急于求成的，他们希望在最短的时间内高效完成诈骗，有时他们会根据事先非法获取的事主信息，如性别、年龄、工作性质等，编造能够触动事主的故事，实施较为“精准”的诈骗。这就是大数据时代的犯罪。

当出现下文中 7 ～ 21 类型的信号时，表明骗子已经开始行骗了。

急需之时来人帮，不要轻信三思行
意外之财从天降，相信反倒入陷阱
飞来横祸不要慌，冷静处理方可度
个人信息遭暴露，千万小心多注意
线上爱情虚缥缈，当心线下索钞票
一丝一毫疑窦生，相信直觉不被骗

7. 从天而降的“帮助”

当你短时间内有紧急需求或想要完成一件事情时，如准备乘飞机、找工作、租房、领取助学金、参加考试、银行转账、交房租、购物退款等，突然接到与此事有关的电话、短信，一定要格外警惕，不能着急，此刻正是骗子利用你的最好时机。

即便对方准确地报出了你的名字及各种信息，也不要相信他，因为你的信息是他从非法渠道获取的。要亲自核实情况，给相关事主本人打电话，或通过114查号台等正规渠道查询相关机构的电话，亲自拨打进行核实。

8. 高额回报

打着高额回报的幌子吸引你的，一定是骗子。下面就是骗子利用高额回报诈骗的惯用手法：

（1）互联网金融理财，以保本收益、短期分红利诱，骗取理财本金；

（2）高时薪招兼职打字员、网络水军，骗取押金、诚意金后消失；

（3）淘宝代刷信誉，借用钓鱼网站盗取你的银行账号和密码；

（4）高回报项目投资，要求分期加投资金，一段时间后便消失；

（5）爱心基金会的行动，骗取会员费，并发展更多会员骗取钱财；

（6）低价销售回迁房、经济适用房等，骗取预付款或房款。

不要理睬包含上述信息的短信，不要点击链接，更不要回电话。

9. 意外之财

电信网络诈骗中的意外之财通常包括以下几种：

（1）陌生人打电话告诉你，中了大奖；

（2）购买的车辆、房子能被退税；

（3）只需要缴纳滞纳金就能提取捡到的金卡（信用卡）中的余额；

（4）收藏品变得价值连城可被高价回收；

（5）分享股票、基金等金融交易内幕；

（6）重金求子；

（7）各种从天而降的“财富”及机会。

一定不要相信“意外之财”会降临到你头上，你不会是亿万人中的那个幸运儿，骗子就是利用人们的“贪心”来实施诈骗。一旦你开始贪图意外之财，便掉进了骗子的圈套。

10. 飞来横祸

当陌生电话告知你亲友出车祸、手术急需用钱、被公安机关拘留、被绑架，“黑社会”要找你算账，你涉嫌犯罪已经被公安、司法机关立案时，你在异地开通的相关业务已经欠费现需缴纳罚款，对方手上有你的不雅照，这些飞来的横祸很有可能是假的。尤其是当你找亲友核实情况，亲友电话却无法接通，或找不到其本人时，请相信，告知你横祸的人很有可能是个骗子。如果你无法核实事情的真伪，请亲自拨打 110 进行确认。记住，遇到上述情况只有警察能够帮助你。

11. 被报出的个人信息

当打来陌生电话的人准确地说出了你的各种个人信息，如：

（1）身份证信息；

（2）家庭信息；

（3）购物信息；

（4）考试信息；

（5）购车、购房信息；

（6）银行卡信息；

（7）其他信息。

一定要提高警惕，因为对方已经从非法渠道购得了这些信息，下一步他就要骗取你的钱财了。被盗取信息后，不要过分恐慌，要保管好银行卡号、密码、验证码等，与陌生人交流时要提高警惕性，以防被套取更多信息。

12. 小便宜

骗子利用你贪小便宜的心态，如：

（1）可低价购买走私手机、名包、名表；

（2）可低价购买电话充值卡、游戏点卡；

（3）可低价购买飞机票、火车票；

（4）有路子低价买到所谓海关罚没的违法货物；

（5）转发微信朋友圈或集“点赞”便可获得“礼品”；

（6）网络兼职、帮助淘宝卖家刷信誉，可从中赚取佣金；

（7）各种让你感到轻易可获利的机会。

如果你相信了骗子的话，有两种情形可能发生，一种是你交的钱一去不复返，一种是你交了钱收到残次假货。

13.“神秘”机构

许多骗子会虚构“互联网公正处”“公安机关安全账户”“国家账户”等一些看似“神秘”的机构来蒙骗你。当你觉得这些机构的名称陌生可疑时，请先不要相信对方。不妨放下电话，通过114、官方网站等正规渠道查询相关机构电话，亲自拨打电话去核实情况。

14. 线上“爱情”

通过交友、相亲软件或网络世界认识的“高富帅”“白富美”，会以编造的故事及特殊的言语诱惑你，如：

（1）虚构离奇的经历；

（2）吐露悲惨的身世；

（3）吹嘘不凡的家族史；

（4）发送挑逗性的话语；

（5）编造其他各种富有戏剧性的故事情节。

他们会发展你成为“密友”，然后再伺机向你提出借钱给家人看病、给亲人上学、买机票、为大笔遗产资金解冻等，千万不要为此头脑发热，为“爱”下“血”本，最后血本无归。

15. 色情诱惑

手机、网络上的招嫖广告不但违法，而且很多都是诈骗陷阱。很容易发生事主先交纳定金后，便无法联系到对方；进入“仙人跳”的圈套，遭受人身伤害，财产损失。

“裸聊的诱惑”会让你陷入圈套，被骗子拍下裸照，以此要挟诈骗钱财。

16. 领导的指令

（1）财会人员在接到“上级领导”汇款转账要求时，要格外注意。通过手机短信、微信、网络通信软件要求你转账的，一定要当面确认或亲自拨打电话向上级领导直接核实。

（2）喊你“小张”“小李”的人可不一定是你领导，不要被他“牵着鼻子走”。犯罪分子就是利用事主对领导唯命是从的心理，步步为营，见机行骗的。

17. 电话被转接到公安机关、法院、检察院、海关、社保局等政府机构

要知道，公安机关、法院、检察院、海关、社保局等政府机关的电话是不会被一个普通电话转接过去的，遇到这种情况时，要意识到对方是骗子。

18. 被告知“一定不能向别人泄密，一定不能告诉任何人”

当你陷入电信网络诈骗圈套时，骗子会编造各种谎言让你信以为真，如涉及案件需要保密等，而且会警告你“一定不能向别人泄密，一定不能告诉任何人”。当出现这种情况时，记住，对方肯定是骗子，要立刻挂断电话，亲自拨打 110 报警，因为只有真正的警察才能帮助你。

19. 考试交钱就能通过

声称交钱就能通过考试、更改考试成绩、获得资质的，就能够得到考试答案的，全是骗子，如果你听信对方的花言巧语，不但会造成金钱损失，而且还会耽误学业及前程。

记住，许多重要考试的试卷在公布前都属于国家机密，任何人都不可能从非法渠道获取。

20.“献爱心”

一些不法分子拿患病儿童、患病父母等作为幌子，用从其他平台下载的患者照片，博得大众的同情，开通伪造的“爱心捐款”渠道，骗取钱财。

切记，在实施爱心捐赠前，一定要核实其真伪。在没有查明真相的情况下，不建议通过网络、手机等虚拟平台捐赠数额较大的款项。

21. 哪怕一丝一毫的怀疑

电话那头讲述的故事让你感到意外、离奇时，首先不要紧张，因为那很有可能是假的。记住，果断挂断那些让你产生过哪怕一丝一毫怀疑的电话，亲自打电话给银行客服、快递客服、派出所、法院、家人等进行核实。

■ 骗钱得手（或放长线钓大鱼）的信号

骗子的最终目的一定是骗取事主的钱财。但是，有时骗子也会精心巧妙地设置骗局，并不急于一次成功，而是让事土一步步进入诈骗圈套。

出现下文中 22 ～ 31 类型的信号时，表明骗子马上就要骗钱得手了。

提款机上现外文，不要插卡不要按
尤其密码验证码，绝不告诉任何人
货到支付要小心，当面验货再交款
二维码中藏玄机，乱扫乱认必失财
汇款之前要仔细，反复核对再交易
异地登录需警惕，修改密码最重要

22.ATM 机上的英文操作

骗子在骗取你的信任后，会让你去 ATM 机上进行英文界面的操作。出现这种情况时，什么都不要相信，之前对方告诉你的全部是假话，一定要果断终止通话，不要在 ATM 机上进行任何操作。

23. 密码和验证码

绝对不能向任何人透露你的密码、验证码等，哪怕对方是所谓的“朋友”“亲人”，不要顾及面子，也不要相信别人，密码和验证码是你资金的最后一道防线。

24. 货到付款

很多电信网络诈骗分子会编造理由，想方设法邮寄需要事主货到付款的货物，如：

（1）通过朋友圈“帮砍价”“集点赞”以及电话促销活动获得的商品；

（2）意外获得的“奖品”；

（3）通过电话、网络推销订购的货物；

（4）最近没有网购，却收到莫名其妙的快递包裹。

切记在接货时先打开包装，仔细查明货物的真伪，再付钱。骗子会利用人们在家接快递时不进行现场验货的习惯，在包裹里装上不值钱的废品、假货、赝品等，骗取钱财。

25. 先交钱

很多电信网络诈骗都以事主先交钱，然后再帮其实现要求、给予大奖、返还预付款、给予货物、提高账户等级、解冻资金等，孰不知，这些先交的钱早就打了水漂儿，进了骗子的口袋。

要格外小心需要提前缴纳的以下费用：

公证费、个人所得税、手续费、交易税、中介费、入门培训费、保密费、保证金、评估费、鉴定费、检查费、考察费、咨询费、奖品税、被扣物品的关税、垫付邮资、缴费退税、滞纳金、利率差、解冻金、预付款、预付利息、服装费等。

26. 帮“朋友”缴费

很多骗子会通过盗取账号、伪装头像等手段冒充你的亲人、多年未联系的朋友、同事等，让你帮其缴纳费用，如为手机充话费、购买机票、购买游戏币等。切记，只要牵扯到钱财支出，一定要亲自拨打“亲人”“朋友”的电话，或用其他方式来确认电话那头是否为其本人。

27. 借钱给“熟人”

在网上，骗子很容易通过一些手段下载照片，并借此扮演成其他人。头像、日志里的照片以及发布的朋友圈、影像等都可能是假的，甚至发来的朋友“真实”语音和视频都可能是通过技术手段伪造的，当别人向你借钱时，一定不要给他（她）汇钱，因为对方很有可能是骗子。

（1）遇到“熟人”“朋友”“亲人”“同事”等通过网络、手机交流平台等向你借钱时，一定要亲自去核实，打电话也好，向本人询问也好，在没有确认对方身份之前，一定不要借钱给对方。

（2）通过网络交友平台、打游戏等结识的“陌生人”，在未彻底了解其真实情况时，不要轻信他告诉你的“故事”，有时这些故事离奇曲折、悲恸感人，如自称是某历史名人后代、外国皇室后人，手握一大笔财产、民族资产、皇室遗产，需要资金解冻，并许诺日后重金答谢。但是万变不离其宗，最后对方都会想方设法向你借钱。切记，无论他说什么，都不要相信，一定不能借钱给对方。

28. 二维码

无论线上还是线下，在扫二维码前，要格外小心，因为这其中会有许多陷阱。

（1）来路不明的二维码链接木马、病毒，扫一扫后会直接造成财产损失。

（2）不要按照别人的要求将自己的二维码发给别人，很有可能发给对方的是你的付款二维码，会造成较大经济损失。

（3）对一些莫名其妙的扫码要求，如“班主任”要求家长扫二维码交学费、家门前张贴二维码缴水电费、网络店主发来二维码让你交款等，一定要格外小心，很多都是骗局。

（4）在线下，扫码前也需要进行甄别，有时骗子会在正规二维码上面贴假二维码骗钱。

29. 透露个人信息

（1）不要轻易在一些“活动平台”上通过在线注册绑定身份信息、银行信息及手机号，这些平台很有可能是在骗取你的信息，此后利用你提供的信息来对你及亲朋好友实施诈骗。

（2）有的骗子会打来电话，谎称快递未签收，看不清地址，要求事主提供姓名、地址、身份证号等，为下一步诈骗作准备。

30. 习惯性地汇款

在与比较熟悉的贸易伙伴进行日常资金往来时要注意，骗子可能会通过黑客手段，修改汇款账户信息。不要让这些十分相似的“假账户”蒙混过关，不要习惯性地汇款，不能怕麻烦，要在每一次汇款前仔细核对汇款对象及账户的真实信息，以确保交易的安全。

31.“异地”登录提醒

没有外出却收到QQ、微信、微博、邮箱、手机APP等“异地登录”的提示，此时应尽快修改密码，升级安全设置，这样才能保障账户安全。

三、被骗后该做什么

1. 发生银行卡被盗刷的应急措施

（1）打电话给客服挂失；在手机银行、网上银行连续输入五次错误的密码，或去最近的 ATM 机输错三次密码，让手机银行、网上银行的功能短期冻结（一般是 24 小时）。

（2）到公安机关报案。

2. 被骗后该做什么

当意识到自己被骗子骗取了钱财后，要调整心态，冷静应对。

当发现家人出现情绪、行为异常时，一定要耐心地问清楚发生了什么。一旦发现家人遭遇电信网络诈骗，要积极合理干预，争取将损失降到最低，并对家人进行开导，舒缓其情绪。

（1）主动切断与骗子的联系。

（2）用最短的时间冻结银行卡及账户，采取必要的措施保障账户及其他资金的安全。（方法参见“发生银行卡被盗刷的应急措施”）

（3）尽快报警，越早报警破案的几率越高。一定要相信警察，只有警察才能帮助你。

（4）积极固定证据，将受骗电话号码、银行账户损失